HISTORIA DEL LIMBO

HISTORIA DEL LIMBO
ANTONIO MÉNDEZ RUBIO

CAPITANES
COLECCIÓN DE POESÍA

2/10

Nautilus
EDICIONES

HISTORIA DEL LIMBO
Primera edición: abril 2024

© De los poemas: Antonio Méndez Rubio
© De la fotografía del autor: CCCC
© Del diseño de cubierta y maquetación: Nautilus Ediciones
© De la selección de poetas y coordinación editorial: Samuel Trigueros
  Nautilus Ediciones
  nautilusedicioneshn@gmail.com

ISBN: 978-84-10241-12-1
Depósito Legal: Z 714-2024

Impreso en España, Unión Europea

ANTONIO MÉNDEZ RUBIO
(España, 1967)

Es Premio Ojo Crítico de Poesía de RNE (2005). Sus últimos poemarios, editados con Vaso Roto (España/México) son *Va verdad* (2013), *Por nada del mundo* (2017) y *Tanto es así* (2022), además de *Clic* (Zaragoza, Olifante, 2024). Ensayos críticos recientes: *Teoría de los umbrales* (Lecturas de poesía) (Valencia, La Documental, 2022), *La escucha actual* (Madrid, Cátedra, 2022) y *Fascismo de Baja Intensidad* (Santander, La Vorágine, 2023). En torno a su obra se han publicado los libros *Un lugar sin lugar* (R. Molina / Universidad de Extremadura), *El paisaje invisible* (J. Fernández Gonzalo / Diputación de Badajoz), *La fiesta del miedo* (A. Cubero (ed.) / Chamán) y *Torno* (P. Aros / Varasek). Su traducción de la novela *Frankenstein o el Prometeo moderno* de Mary W. Shelley fue Premio Nacional a la mejor coedición universitaria en 2022.

Limbo

Del lat. *limbus*, orla o extremidad.

1. Rel. En la doctrina tradicional católica, lugar adonde irían las almas de quienes mueren sin el bautismo antes de tener uso de razón.

2. Borde de una cosa, y especialmente orla o extremidad.

3. Placa que lleva grabada una escala, por lo general con algunos de sus trazos numerados, que se emplea en diversos aparatos de medida para leer la posición que ocupa un índice móvil.

4. Astron. Contorno aparente de un astro. Sin.: aureola, halo.

5. Bot. Lámina o parte ensanchada de las hojas típicas.

Loc. Adv. Coloq. *en el limbo*: sin enterarse de lo que ocurre.

Cielo:

      no hay mucho
y nos avisa con rabia.
Árboles:
      también pierden secretos
dentro de un diccionario.
Tiempo:
      es una negación
en la que nos afirmamos.
Pájaros:
      ninguno vuela solo ni
ninguno canta igual que ningún otro.
Poema no:
      simplemente respira
tan dentro que sale fuera.

Cuando oigas hablar de ley
me tienes que olvidar para yo darte
más de lo que puedo
decir. Antes que nada: no
hay excusa. Hay rocío. Sé ahora
que no sólo en mi conciencia
duele la luz : la misma
clarísima sinrazón
que va del candor al humo. Me
ves venir en una pregunta:
                              ¿por qué no
vamos juntos al río
aunque aún no sea verano?
En el fondo de esa agua no hay monedas.
Mejor allí. Pues es
temprano. Mira: brilla el sol
en la orilla imposible. Queda
pan para el camino. Da
tiempo.

Después de ver lo libre
que llega el miedo a hablar
por hablar
                desaparece.
                        Habla
como espiando la luz.
Todo empieza por ti
a pronunciarse sin remedio. En esta
pura rabia también pernocta
el hueco de las palabras
que no se dijeron
ni se dirán.
  Mira
por dónde la tierra prometida viene
a ser solamente un
lugar para vivir
en el cielo de la boca.

Su claridad de conciencia
no viene del cielo como tal
cielo.
   Por otra parte,
ya se ha hecho de día.
Se confunden destellos. Y
mi idea es que se deje
muy pronto de saber
lo que aún no se sabe
decir.

Por fuera del desenlace
nos abrazábamos por no saber
enmudecer, dormir.
                              No
mucho después de aquel ruido
de hojas que crecen, donde
brilla aún un sol alzado,
solamente me he quedado
con
un resto de libertad que
se parece a temblar
                              en
un lugar terroso, crudo, donde
dar la vuelta a la piel,
donde mi cuerpo se confunde
conmigo. Nada más: todo por
no decir: *esa es la
realidad.*

Da tiempo. Dar
todo el tiempo. Mirar
nada salvo
la simple intransición
acústica del verbo.

Lo único que quería
de esa tierra
era no tenerla en la boca, no
conocerla. No perseguir
a alguien sin nadie cerca.
Y respirar. Oler
a nada hasta en el aire,
extractos de amapola.

¿Era tanto pedir?

Una voz
exclamaba creyendo
que estaba viendo mundo: *"¡Nieve!*
¡Nieve!".

Unos pasos
se cruzaban sabiendo
que no era nieve lo que se hundía
al oír de fondo: "¡No
se puede! ¡No se puede!"

Deja oír
hierba bajo los pasos
dejándote de ver
(qué pasa).

Hazte entonces ausente.
                              Por unos días
vuelve al error conmigo
de ser una presa libre: de
cruzar un lugar al sol.

Igual que los espejos sirven
para respetar las leyes,
vueltos del revés ayudan, de repente,
a que se nos comprenda.
No que se nos acompañe
a dormir, a atravesar largos
puentes por encima de un vacío
no sabido,
a lo mejor necesario.
A que se nos comprenda.

Fuerza esa claridad,
luz de repente
ciega
      de
tanto esperar
que alguien a través de ti
vea alguna vez algún
mundo.

Tienes la voz
grabada sin aliento,
como una rama
rota,
        ¿qué más
quieres?

De noche así.
Ni tú entiendes tu
propia letra.

Oyes a alguien
que no grita.

Las únicas hojas
que caen caen
en vano.

Con la misma ceguera
que da chupar
relente, con fuerza,
tú besas tus rodillas
mientras se ceban contigo.

¿Lo reconoces? ¿Oyes,
por encima de tu frente,
que pida alguien ayuda?
¿O es simplemente el destello
de estrellas nuevas?

En balde,
de madrugada,
todo lo dado
junto, sin forma
ni de elegirse
ni de empezar.
Esforzándose por
volver a darse. Todo
se cuida así
de que no haya
justicia.

No. Nadie
que venga a darte
luz. Ni nadie
que venga para
dársela. Nada
ni nadie más
lejos de ti.

Al otro lado de la puerta
hablan bajo.
Lloran.

Migajas en la mesa.
Serénate:
esa puerta no se puede abrir.

Azar.
Cuerpo difícil
de escuchar, de
memoria una voz
sin interior carraspea,
te saluda.
Atiende a cualquier
ruido. Por si acaso.
Se extiende como un ala
no herida. Por
fin alguien te llama
por tu nombre.

Oído al vacío.
¿Qué era un candil?
Depositas toda
tu confianza en esa pregunta.
Te asalta como aviso
al poner atención
al alba, al hablar
del azar.

DAHAX
De tanta estrella,
de tanta falta de luz,

                              te
calmas. Ningún refugio
se piensa antes de tiempo
ya. Se van como
reuniendo
huellas por la mañana
de un día cualquiera.

                         Por
ser huellas se van a borrar.
Se sienten en la sien.
¿Por cuánto tiempo –pregunto-
el dolor te protege
de mí?

EN UN ALTAR

Hazlo una vez,
amor. Temprano,
cuando se despiertan los primeros
pájaros,
                    tú ve,
tú pon en un altar,
junto a una piedrecita
desesperada,
lo que piensas de mí.

HÉLAS POUR MOI
¡Ay de mí!
Veo a la vez
árboles donde no
llega el agua, además
nieve nueva (que no
formaría alguna imagen)
y al fondo una amapola.

$\qquad\qquad\qquad\qquad$ ¿Ves

tú por mí la simple
nieblaseguirnos tan
de cerca por si nuestra
carne
nos declarara libres
de tener que decir que sí?

KEURGUMAK
(Al oído.)
Vivimos sin casa.
Juntos.

LATAKIA
Retumba nieve
por todo el suelo.
....
Flor desterrada
de toda la verdad,
no queremos saber
nada más de ti.

P. P. P.
Mamma, mamma…
Para el tiempo que hace
es mejor no esperar
nada más.
                    ¿Tú crees
en solamente seguir,
que es ya de
madrugada?
No es como me dijiste, *mamma…*
¿De qué hay pruebas
ahora? Tú me imaginas
a salvo en un delito
posible o no.
                    Vives
para no verme.
Si es verdad que hay arena
dentro de mi boca ¿por
qué no me acurrucas?
¿es que estamos en Buchenwald
o qué?

RAG DOLL
(FRANKIE VALLI& THE FOUR SEASONS KARAOKE
LYRICS, 1'08-1'38)
Such a pretty face
should be dressed
in lace…
Ooo… oo…
Oo-oo-oo
oo-oo-oo-oo-oo…
I´d change her sad rags
into glad rags
if I could…

UNA LENGUA COMÚN

Lengua o labor
sin obra, sin rastro
de ti en la más sola
fosa aparte, cielo abajo,

dime por una vez: ¿por
dónde empezar? ¿alguien sabe
lo que estamos haciendo

mirando el vacío

así?

WU WEI

Deshazte en ese nudo
que te ata a tu garganta.
Hasta que ya no pueda
respirar ese deseo de más
daño,
       de final.
Hasta que se deshaga
suave a merced de
lo que quede
de ti.

LAS LETRAS INSERVIBLES

Las letras inservibles
primero
y luego todas
las demás letras
del alfabeto

las vamos a escribir
con más cuidado
que nunca
sobre la tierra
de nuevo.

Además de imposibles
espectros que se tapan con cuidado
la boca por oírnos
a nosotros,
                    ¿qué más
nos queda por buscar
aquí? Di…

Decir: eco
de palabra que no
suena en otro vientre
mejor que en cualquier
otro sitio. Que no
se prueba sin
terminar.
Lo otro sí.

Manada:
más nada. ¿¡Qué
más da!? Tú da,
con o sin luz,
sinrazón de tu
más que amor.
Da la mano.

Señas tras el cristal
justo antes de romperse:
hablas por escuchar
algo. Ramas calladas:
un exceso de letras
para poder poner un solo
nombre a cada
cosa.
                    De ilusión
a ilusión, de muro en muro,
como si tuviera peso,
se cae también el sol.
                    Que no
hay mundo a salvo del mundo.
Lo que hay es más
que mundo.

La atención hace
que de frío tiemble
hasta lo más vacío.

La mirada hace
que duela hasta una imagen
por insignificante que sea.

Una palabra hace
que tú te tambalees
de solo oírla.

El silencio hace
que se escuche lo demás.
La escucha hace el resto.

Se acerca una mujer de aspecto comprensible, tranquila. Me mira a la cara recreándose. De frente, muy lentamente me pregunta: "¿a quién se lo puedo decir?..."

La humillación apacigua como nada el mundo. Lo vuelve mundo. Coloca cada sol en su nuevo día. Cada casa en su exactitud. Hace de umbral.

- **Mira** más nubes tú.
- ¿Puedo buscar magnolias?
- *Deja que pase…*
- Pues dame lo que quieras mientras no sean palabras.
- ¿Por?
- Lo que sea menos eso…

En el fondo / del fondo de lo / más real / que lo real / vive apenas un solo / deseo de que lo / sea.

Abrigo:
tántas veces poco
para la nieve no
caída.

Defensa:
nube simple
cruzándose en
algo de alma.

Índice

HISTORIA DEL LIMBO
de Antonio Méndez Rubio
-2/10 de la Colección Capitanes 1-
se terminó de editar y maquetar
por Nautilus Ediciones
en Zaragoza, España,
en abril de 2024.